AF389969

LA CRITIQUE DE BERENICE.

A PARIS,

Chez
LOVIS BILAINE, au second Pillier
de la grand'salle du Palais,
au grand Cesar.
MICHEL LE PETIT,
ET
ESTIENNE MICHALLET,
ruë S. Iacques à la Toison d'or.
& à l'image S. Paul.

M. DC. LXXI.

AVEC PRIVILEGE DV ROY.

ONSIEVR,

Nous avons été jufqu'icy les Duppes de Corneille, & Corneille luy méme, eſt la Duppe des anciens pretendus Maiſtres du Theâtre. Il luy ſera permis de ſe rompre la teſte à nous compoſer des pieces dans toutes les Regles, & de s'acquerir noſtre admiration par les formes ; mais ny luy, ny

A iij

ſes partiſans, (car il me ſemble, qu'il en a beaucoup,) ne trouve-ront pas mauvais s'il leur plaiſt, que j'aye eſté enchanté à la ſeconde repreſentation que j'ay veuë de la Berenice de l'Hoſtel de Bourgogne, que j'y aye pleuré copieuſement à l'exemple d'une femme de qualité, & enfin que je n'aye pas eſté d'avis que cette piece n'eſt pas bonne, parce que les reigles du Theâtre y ſont mal obſervées. Ie veux grand mal à ces reigles, & ie ſçay fort mauvais gré à Corneille de me les avoir apriſes dans ce que i'ay veu de pieces de ſa façon ; I'ay eſté privé à la premiere fois que j'ay veu Berenice à l'Hoſtel de Bourgogne, du plaiſir que ie voyois qu'y prenoient ceux qui ne les ſçavoient pas : mais ie me ſuis raviſé le ſecond jour, I'ay attrappé Monfieur Corneille, i'ay laiffé mes Demoifelles les regles à la porte, i'ay veu la Comedie, ie l'ay trouvée fort affligeante, & j'y ay pleuré comme un ignorant.

Le premier jour i'avois efté choqué de voir d'abord ouvrir le Theâtre par le Prince de Comagene qui nous venoit advertir qu'il s'en alloit, parce que Tite êpoufoit ce iour là Berenice. Ie trouvois mauvais que la Scene ne s'ouvrit pas plus prés de la Cataftrophe, & qu'au lieu de nous dire que Tite vouloit quitter Berenice on nous dit tout le contraire. Si Antiochus s'en va comme il le dit, il ne fera (difois-je,) qu'vn Acteur de Protafe: & s'il demeure, tout ce qu'il vient nous dire de fon départ eft fuperflu, &

A iiij

ne fait rien à la Scene ; Ses adieux à Berenice sont de l'invention du Poëte pour gagner du temps, pour tricher & pour fournir un Acte, On ne le fait venir là que pour luy faire écouter la description du siege de Ierusalem, dont il est apparemment mieux informé que celuy qui l'a fait, & à laquelle sa douleur l'empesche sans doute d'estre attentif, d'autant plus que ce Siege n'est de nulle importance à l'affaire dont il s'agist, n'y d'aucun éclaircissement aux spectateurs.

Si cét Antiochus eust ouvert le Theâtre, en disant qu'il a sceu que Titus veut renvoyer Berenice, ce qu'il dit n'eust pas esté si éloigné de la Catastrophe. Le Confident eut pû luy inspirer de demander la Reine à l'Empereur,

& la dessus s'estendre sur les
hauts faits d'Antiochus à Ierusalem, qui pouvoient le mettre en
droit de pretendre à cette recom-
pense: il n'en eust pas moins fait
sa declaration d'amour à Berenice, & tout ce qu'ils disent de tendre eût peu subsister. Il eut pû en
suite faire pressentir à la Reyne
l'inconstance de Tite, & ainsi
tout cét Acte n'eust pas esté hors
d'œuvre comme il est, & la prota-
se y eut esté achevée: on se fut attendu que le Roy de Comagene
eût pû contribuer au nœud &
au desnoüement; & l'on ne l'eut
pas regardé dés lors comme un
Acteur inutile, qui n'est introduit
que pour faire perdre du temps,
& pour donner un roolle en-
nuyeux & vuide au mary de la
Chamelay.

Cette imagination bleſſée de la
regularité du Theatre, me faiſoit
encore trouver à dire au lieu de
laScene : il me ſembla qu'Anthiocus l'expliqua d'abord bizare-
ment & peu vray ſemblablement.
Il ſort d'une porte qu'il dit qui
eſt celle du cabinet de Titus,
par laquelle l'Empereur ſe dérobe
pour aller voir ſa Berenice dont
le Prince officieux nous montre
l'appartement.   Antiochus ne
pouvoit-il aller chez Berenice
pour luy dire adieu *incognito*, que
par le Cabinet de Titus ? le Cabinet des Empereurs Romains
étoit-il ſi peu reſpecté, qu'on ſe
ſervit de ſa porte ſecrette pour
aller parler d'amour à leurs maî-
treſſes, & qu'on allaſt & vint
par-là, comme par une Salle du
commun? que je fus malheureux

de m'étre ainsi mis en garde
dés le premier Vers contre la reigle du vray semblable. Ie fûs
plus sage le second jour, j'oubliay
cette reigle aussi bien que toutes
les autres observations que i'a-
vois faites. Ne regardant plus
comme une chose hors d'œuvre,
la ioye que l'espoir de posseder
Titus donnoit à Berenice, ie
trouvay fort beau le Portrait
qu'elle fit de son Amant; ie fus
ravy de la fierté dont-elle receut
l'amour d'Anthiocus; & quoy
que ie n'eusse pas trouvé mon
compte le premier iour, que Berenice fut surprise qu'Antiochus
l'aimast, puisqu'il le luy avoit dit
depuis cinq ans, & qu'elle luy
avoit commandé de se taire; ie
ne voulus pas prendre garde à
cette contradiction, & i'aimay

mieux penser seulement à la beauté des Vers, dequoy ie me trouvay assez bien. Ie fis plus, ayant veu le premier Acte, ie le regarday comme non avenu, & ie supposé que la piece alloit commancer au second, ce qui me la fit trouver bien plus iuste. Titus y vint ouvrir la Scene, & dit à son amy Paulin qu'il veut quitter Berenice ; Le Prince de Comagene vient, l'Empereur luy donne la commission d'aller por-ter le compliment facheux, Antiochus demeure sur le Theatre, & n'en fait rien ; son Confident refait la description du Siege de Ierusalem, (un peu poëtiquement à la verité, mais il n'est pas absolument contre le vray semblable qu'un confident soit Poëte) la Reine vient, le Prince fait sa commiſſion, Berenice s'emporte contre luy, cet Acte ſeroit admirable, s'il étoit le premier. Parce que ie le ſuppoſé tel, il me donna beaucoup de plaiſir Ie pardonnay volontiers à l'Auteur de n'avoir pas conſideré qu'il n'étoit nullement vray ſemblable, qu'un grand Roy favory de l'Empereur, eut voulu partir ſecretement de Rome, ſans que cet Empereur qui l'aime ſi fort & qui le fait arreſter, veuille ſçavoir le ſuiet de ſa fuite, ne le luy demande que par maniere d'acquit, & n'en attende pas la réponce. Il étoit occupé de ſon amour, & quoy que le premier iour i'euſſe trouvé à redire, que le Heros negligeaſt aſſez les loix de l'amitié, pour ne s'attacher pas à vouloir découvrir quel ſuiet de plainte Antiochus pouvoit avoir; ie laiſſay-là les vertus & ne voulus alors ſonger qu'aux paſſions.

Il faut advoüer que iamais perſonne ne les a exprimées comme elles le ſont icy ; Cét Empereur dont l'Hiſtoire éleve la gloire iuſqu'au Ciel, ce Titus de qui le grand cœur & les vertus étoient les delices de l'Vnivers, ce Titus en qui l'on voit ſur le Theatre tant de commencemens de ſentimens Heroïques; quoy qu'il ſoit déia avancé en aage, puiſqu'il a l'humilité de nous faire ſa confeſſion (de peur que nous ayons trop bonne opinion de luy) qu'il a laiſſé corrompre ſa ieuneſſe aux mauvais exemples de la Cour de Neron, ou il nous fait ſouvenir

en effet qu'il joüoit honnéte-
ment son roolle ; ce grand homme se laisse neantmoins si fort
maistriser à l'amour, qu'il veut
bien qu'on sçache que du vivant
de son pere il desiroit d'étre en
sa place : quant il perd ce pere,
il s'enferme huit iours sous pretexte de douleur solemnelle ; il
fait tout pour l'amour, & rien
pour son honneur ; il oublie les
loix de l'amitié ; sa passion le re-
mene à l'enfance, il a besoin d'un
Pedagogue qui l'encourage, &
qui le redresse ; l'amour le rend
sourd, & l'empéche d'entendre
que Paulin dit, qu'il va appeller
le Senat à son secours, ce que les
Spectateurs entendent pourtant,
quoy qu'ils en soient bien plus
éloignez que luy : il n'ose parler
à ce qu'il aime, & quant il ose

luy parler, il n'a point de bonnes raisons à luy dire ; il allegue des exemples odieux à l'Amante, peu agreables aux Spectateurs, & mal propres à excuser son inconstance & ses parjures.

Le Poëte ingenieux pour faire éclater encore la force tirannique de cette passion, feint adroitement, que cette Berenice est la Berenice sœur d'Agrippa ; c'est dire cette infame Berenice que à le Spectateur sçait bien qui étoit une incestueuse, & l'horreur de l'Vnivers par son abominable commerce avec son frere dés le commencement du regne de Neron. Cependant l'amoureux Titus estime sa vertu, & se laisse tellement aveugler par l'amour qu'il a pour cette belle Surannée, que voyant dans le Madrigal

Testamentaire

Testamentaire qu'elle luy baille à lire, le dessein qu'elle a fait de mourir, il se détermine aussi à se tuer. N'est il pas vray, que c'est là tout ce qui se peut faire pour exprimer l'excez de la passion, & qu'un Autheur ne peut aller plus loin.

La Reine Berenice est aussi le modele accomply du dereglement d'une passion emportée. L'amour qu'elle a pour Titus est si extraordinaire, qu'elle a voulu durant cinq années donner à l'amoureux Anthiocus, le déplaisir de luy en faire confidence sous ombre d'amitié ; elle est si insensée qu'elle ne voit pas combien ce procedé est bizare, peu honneste, & peu necessaire : le jour qu'elle doit espouser Titus, elle cherche ce Roy pour luy ouvrir son cœur,

& l'amour luy oftant la memoire
elle s'eftonne qu'il l'aime, s'irrite
qu'il le luy dife avant que de partir & le laiffe aller fãs luy faire aucune honnefteté. Cét amour apres
luy avoir fait oublier ce qu'elle
doit aux hommes, ne la laiffe pas
fouvenir de fa Religion; elle de-
viẽt Payenne, & la Iuifve ne parle
que des Dieux & des Immortels;
ayant oublié Dieu elle en oublie
la Loy, fe refout à mourir defef-
perée, & l'annonce à fon ingrat
par vn poulet funebre, pitoyable dénouëment d'vn pitoyable avanture! elle fait à Tyrus
un legs pieux de fes cendres, &
pourveu qu'elles foient avec les
cendres de fon Amant, elle eft
confolée de tout ce qui peut luy
arriver du cofté de Dieu. Cela
s'apelle exprimer les effects d'une

paſſion emportée, & on ne peut aſſeurement y rien adjouſter.

L'amour epiſodique d'Anthiocus fait encore voir au naturel le dereglement de cette paſſion dangereuſe. Il dépend de meſme que Titus des remontrances de ſon Eſcuyer, qui l'empeche fort humainemét de s'abandonner au déſepoir quant il le voit trop preſſé. Ce n'eſt pas que ie fuſſe ſatisfait le premier iour de cét Eſcuyer inutile. Puiſque la violence de l'amour empeſchoit ſon Maître de rien imaginer pour noüer agreablement l'avanture; & qu'il ſe contentoit de s'exclamer à tous propos,& de maudire le Ciel & la fortune ; il falloit luy inſpirer de faire quelque choſe, ou pour empeſcher que Titus n'eſpouſât Berenice quant il croyoit l'affaire en ces termes, ou pour l'épouſer quant il croyoit, que Titus l'alloit renvoyer. Si ce confident a eu ſes raiſons pour n'embaraſſer pas ſon maiſtre en aucune intrigue, parce qu'il ne le iugeoit peut eſtre pas capable de la mener : le Poëte en a eu aſſeurement beaucoup de nous faire voir en ce Prince, que l'amour outre les deſordres, qu'il a fait en Titus & en Berenice, en fait encore vn icy, dont tout le monde ne s'aperçoit pas ; & nous apprend qu'un homme amoureux eſt ſi peu capable de rien faire pour les autres, que meſme en ce qui regarde ſon amour, il n'eſt pas en eſtat de rien entreprendre pour ſoy meſme : & de plus que l'effect de l'amour le plus ordinaire, & le plus vray-

femblable , c’eſt de ſe tuer ſoy-
meſme , ou du moins de faillir à
le faire , comme on le voit en
Titus Berenice & Anthiocus.

Ie remarquay toutes ces beautez le ſecond iour , parce que
ie ne m’atachay qu’à l’expreſſion
des paſſions. Ie ne les avois pas
remarquées à la premiere repreſentation , parce que Corneille m’avoit dépravé le gouſt
dans ſes pieces , & m’avoit ac-
couſtumé à chercher des caracteres vertueux , ce que ie n’a-
vois garde de trouuer icy. I’avois
pourtant eu quelque eſperance
que le caractere de Titus ſeroit
heroïque ; ie luy voyois quelque
fois des retours aſſez Romains:
mais quant ie vis que tout cela
n’aboutiſſoit qu’à ſe tuer par ma-
xime d’amour, ie connus bien que

ce n'estoit pas vn Heros Romain, que le Poëte nous vouloit reprefenter, mais seulement un amant fidelle qui filoit le parfait amour à la Celadone. De sorte que ie vis alors l'inconvenient de cette reigle, quoy que fort commune, qu'il ne faut pas que l'amour domine dans le Poëme heroïque. S'il n'eut pas dominé, dans celuy cy, il ny eut point eu de catastrophe, c'eut esté grand dommage, tout le monde l'a trouvée admirable. L'amour fait que Berenice, Titus & Antiochus veulent se tuer eux-mesmes; les mesme amour fait que Berenice veut vivre, pour faire vivre Titus & Antiochus; & bien en prend à Titus que Berenice ait rescindé son testament & ne luy ait pas envoyé ses cendres: car il se

seroit asseurement tué, & eust
appresté à rire à la posterité.

il n'y a rien tel quand on va à
la Comedie, que de se dépouïl-
ler de l'esprit de Critique, rien ne
trouble le plaisir que l'on y prend
& rien n'empesche que les passions ne s'appaisent & ne soient
purgées (pour parler en termes de l'art.) Le premier iour
mon humeur critique me rendit
un tres meschant office, ie m'al-
lay mettre en teste que le Roy de
Comagene estoit plus honneste
homme que Titus, & i'en eus
plus de pitié que de cét Empereur. La discretion & le generosi-
té de son amour me faisoit prefe-
rer ce Prince à l'amant timide
qui n'osoit executer ce qu'il avoit
promis à une Reyne, & juré durant cinq années entieres ; & qui

n'en estoir empesché que par la crainte du Senat, en un temps où les Empereurs estoient hors de page.

Il est vray que le Poëte habile qui n'ignoroit pas la foiblesse du Senat, a voulu l'accompagner des Consuls, & a fort iudicieusement falsifié l'Histoire en ce point, en supposant que Vespasien l'année de sa mort, n'estoit pas Consul avec son fils Titus, & que par consequent le jour que Berenice est renvoyée, il y avoit à Rome d'autres Consuls. Mais comme j'estois persuadé que cela choquoit l'Histoire, je ne goutois pas l'artifice de cette invention, je n'en estimois pas l'Empereur moins absolu, & je n'en eusse pas moins eu de pitié de Berenice,

si elle

fi elle ne s'en fut pas renduë indi-
gne, par fon peu de Religion, par
fa fureur immoderée & par le peu
de pudeur que fa paffion luy laif-
foit ; ce qui me paroiffoit meri-
ter de plus grandes peines que
celles dont elle fe plaignoit.
I'eftois bien aife que Berenice
fut chaftiée du moins par le
trouble de fon ame, je méprifois
le foible Titus, & je ne plaignois
qu'Antiochus. I'enrageois donc,
qu'Antiochus fortit apres la cataftrophe, plus malheureux qu'il
n'eftoit venu, que Titus termi-
naft l'affaire par une extravagan-
ce, & que Berenice au lieu de fe
percer le fein s'amufaft à com-
pofer un Madrigal.

Ie trouvois bien que tout cela
eftoit impreveu, & qu'aucun des
Spectateurs ne s'y attendoit.

C

Qui euſt pensé lors qu'Antiochus vint prier l'Empereur d'aller empecher la Reine de ſe tuer, iurant qu'il y avoit fait ſes efforts, & qu'il n'y avoit que Titus au monde qui la peut ſauver ? Qui eut creu que Titus ayant refusé d'y aller, ſur ce qu'il avoit à parler au Conſuls Imaginaires; & en ayant laiſſé la commiſſion à Antiochus? & ce Roy par des raiſons inconnues ayant trouvé plus à propos de demeurer ſur le Theatre, & de s'evaporer en exclamations pour donner tout loiſir à ſa maîtreſſe de s'abandonner au deſeſpoir? Qui ſe fut attendu que tout cela deuſt aboutir à un billet doux !

Les Comediens ont eſté d'avis de ſupprimer ce billet funebre à la ſeconde repreſenta-

tion , je croy qu'ils ont eu
tort. Du moins le Spectateur
voyoit-il par là quel étoit le texte de la froide & longue haran-
gue que Titus fait à Berenice, &
le sujet de la chaude & prom-
pte resolution qu'il prend de se
tuer. On ne sçauroit assez faire
connoistre la cause d'un dessein
si impreveu , & si peu vray semblable. C'est par cet endroit
seulement que la seconde repre-
sentation m'a moins pleu que la
premiere , il faloit conserver le
billet tendre. On ne peut faire
voir assez de choses pour persua-
der que Titus sera capable, &
aura sujet de se tuer : & quoy
que Berenice l'en croye d'abord
sur sa parole à la premiere fois
qu'il le luy dit ; elle qui l'a dit
cent fois , & qui pourtant n'en

a rien fait, quelque loisir que Titus & Antiochus luy en ait donné; les Spectateurs peu credules, & peu persuadez qu'on se tuë ainsi de gayeté de cœur, sont bien aise de voir l'Epitaphe du cœur de cette Amante, & sont par là disposez à croire, que l'Amant heritier de ses cendres pourroit bien se pendre de regret, ou du moins en prendre la resolution. Ainsi sauf meilleur avis, les Comediens feront bien de restablir le Madrigal.

S'ils s'advisent de retrancher à leur gré les Madrigaux de cette piece ; ils la reduiront à peu de vers. L'Autheur a trouvé à propos pour s'esloigner du genre d'écrire de Corneille, de faire une piece de Theatre,

qui depuis le commencement
jusqu'à la fin, n'est qu'un tis-
su galand de Madrigaux &
d'Elegies : & cela pour la com-
modité des Dames , de la
ieunesse de la Cour, & des
faiseurs de recüeils de pieces
galantes.

Il ne faut donc pas s'eston-
ner s'il ne s'est pas mis en peine de la liaison des Scenes ,
s'il a laissé plusieurs fois le
Theatre vuide , & si la plus-
part des Scenes sont peu ne-
cessaires. Le moyen d'aiuster
tant d'Elegies & de Madrigaux ensemble , avec la mesme suitte que si on eust voulu
faire une Comedie dans les
reigles. On se soucie bien dans
le monde si une Scene est necessaire, pourveu qu'elle ex-

prime tendrement & natutel-
lement quelque fentiment de-
licat. Qu'importe aux Dames
qu'un Autheur porte le Cothurne ou le Brodequin, pourveu qu'elles pleurent ; & que
de tems en tems elles puiſſent
s'écrier, *cela eſt ioly*.

Tout le|monde eſt capable
de connoiſtre ce qui eſt jo-
ly ; mais tout le monde n'eſt
pas capable de connoiſtre ce
qui eſt beau. Ainſi il eſt bien
plus prudemment fait à vn Poëte qui cherche l'aprobation du
public de s'attacher au ioly, que
de ſe mettre en peine du beau.
La Maieſté de Coturne plaiſt
aux ſçauans ; mais la ieuneſſe,
les Dames, & les barbons que
les Dames corompent (qui ne
font pas en petit nombre) s'ac-

commodent mieux de la galan
terie de l'efcarpin.

Ie confeillerois toufiours à
tout Autheur de bon fens d'i-
miter celuy cy; de faire bonne
provifion de fentimens Elegia-
ques, de tendreffes de Madrigal, de penfées brillantes : du
refte dédaigner les reigles, l'invention, l'Hiftoire, les bonnes
mœurs, l'uniformité des caracteres, le vray femblable; tout cela
ne fait qu'arrefter l'imagination
du Poëte, contraindre la nature,
empefcher de poufler à bout une
paffion, & obliger à mettre en
une Scene, ce qui quelquefois
fait tout un Acte, voire toute
une piece. Car toute cette piece, fi l'on y prend garde, n'eft
que la matiere d'une Scene,
où Titus voudroit quitter Be-

C iiij.

renice; l'Amante en feroit mar-
rie, & fe voudroit tuer; l'Empereur la menaceroit de fe tuer
luy méme fi elle fe tuoit : &
Berenice afin de n'avoir pas le
déplaifir de voir en l'autre
monde l'ombre de fon ingrat,
aimeroit mieux vivre, & pren-
droit congé pour la Paleftine.
N'eft il pas plus adroit fans s'aller embaraffer d'incidens, d'a-
voir ménagé cette Scene, &
d'en avoir fait cinq Actes ? Premierement, on fe délivre par
ce ftratagéme, de la fatigue que
donnoit à Sophocle le foin de
conferver l'unité d'action dans
la multiplicité des incidens :
car à peine y a t-il un action
icy, bien loin d'y en avoir
plufieurs: & on n'a que faire
de craindre que la reigle des

vingt-quatre heures n'y foit pas gardée ; fans le Prince de Comagene qui eft naturellement prolixe en lamentations & en irrefolutions, & qui a toûjours un *toutefois* , & un H*elas* de poche pour amufer le Theatre; il eft certain que toute cette affaire s'expedieroit en un quart-d'heure, & que iamais action n'a fi peu duré. Cependant le tour de maître a efté, d'empécher le Spectateur de s'appercevoir de ce qui devoit faire tout le fin du dénoüement ; de ménager la Cataftrophe : & d'empécher le monde de foupçonner que Titus peut eftre capable de fe vouloir tuer.

Vn autre Poëte, (Monfieur Corneille, par exemple,) s'il euft

voulu faire qu'un premier Acteur se resolut à s'oster du monde dans le cinquiéme Acte; auroit grossierement preparé son
caractere selon les regles, &
l'eust dépeint des le commencement, violant, emporté, ay-
mant peu la vie , ou semblables
preparations , qui eussent fait
que le spectateur par la regle de
l'uniformité des caracteres, eust
dit quand il luy eust veu prote-
ster qu'il s'alloit tuer, qu'il falloit s'attendre à cela d'un homme sans moderation , ainsi
cet emportement eut perdu la
grace de la nouveauté. Mais
que Titus s'enferme huit jours
pour deliberer ce qu'il a à faire
touchant Berenice ; qu'il vienne
de sens froid sur le Theatre

demander de ses nouvelles ; qu'il écoute sa gloire & son Conseiller Paulin, en homme judicieux & reposé ; qu'il promete diverses fois qu'il va donner vne grande marque d'amour à la Reine : & que quand nous attendons l'effet de cette deliberation de huit iours, de ces conseils de Paulin, de ces eschapées heroïques, qu'il fait en luy-méme, & de ces sentimens magnanimes qu'il estale & à Paulin & à Antiochus & à Berenice : tout cela n'aboutisse qu'à se vouloit tuer ! Monsieur Corneille me pardonnera, si ie n'espere pas que le dénoüement de sa piece soit si patticulier & si peu attendu. De mesme que Berenice, qui au contraire est si emportée dans le commence-

ment & dans tous les cinq
Actes , devienne tout à coup
de sens rassis pour dénoüer
& finir la piece , quand elle
a assez duré ; & donne le bon
soir à Titus & à la compagnie
par un simple changement de
volonté : ie ne m'y attendois
pas, ie l'avoüe ; i'ay trouvé cela nouveau , & de plus de fort
bon exemple.

Car enfin la Tragedie est la
regle des passions. On apprend
par ces trois desesperez conver-
tis, à se bien garder de se faire
mourir quelque resolution que
l'on en aye prise. Quand on est
en voye de desespoir, & qu'on
a resolu de se tuer , il est
bon de faire comme le Roy de
Comagene , & de l'aller de-
clarer à nos amis , sur tout aux

plus puissans; ceux-là sont plus
en estat d'empescher nostre
dessein. Dés que nous l'avons
formé, il faut se haster de l'aller découvrir, presser & vouloir entrer, fut-ce chéz un Monarque, malgré les Gardes,
& quelques deffences qu'il y
ait de laisser entrer personne.
L'affaire est privilegiée, de faire
çavoir, qu'on veut le tuer.

Veritablement Berenice, ny
Reine ny honeste femme ne
donne point de bon exemple
dans cette piece, quoy qu'elle
en soit l'Heroïne. Elle fait au
contraire tous ses efforts pour
porter son amant à se mettre
au dessus des loix ; elle prend
ce foible Empereur par tant
d'endroits qu'elle le tourne enfin en ridicule, & qu'elle a

toufiours fait & fera toufiours
rire le Spectateur par ce Vers
qu'elle dit à propos pour fei-
cher les larmes qu'elle avoit
caufées.

Vous eftes Empereur, Sei-
gneur & vous pleurez.

Elle empefche par là qu'on
eftime cét amour pour les loix,
qui eft la feule bonne qualité
qui paroift en fon Titus : &
comme il n'y a perfonne qui
ne rie en cét endroit dés pleurs
de cét Empereur, il n'y a point
de Souverain qui ne trouve là
une leçon de fe fervir à fon gré
de fa puiffance pour éviter la
rifée que ce vers vient d'exci-
ter. Mais nonobftant tout cela
Titus ne fe rend pas, fa vertu

l'emporte sur son amour. Il est vray qu'il en diminuë la loüange par l'enumeration des maux que son mariage luy feroit, & que son amour à son tour triomphe de sa vertu, quant il veut se tuer: mais voudroit-on qu'un Heros ne fut pas homme ? la nature s'esteint-elle par la vertu, & ne feroit-on pas cruel de vouloir empescher de se tuer, un amant qui voit que sa Maistresse pleure & luy écrit un Madrigal touchant.

Et puis quant il y auroit quelque chose à blamer dans ce desespoir de Titus, il n'en faudroit rien craindre. Peu de gens l'imiteront, & c'est une grande adresse du Poëte d'avoir mis en son Heros un defaut inimitable & une vertu facile à acquerir

Vn honneſte homme rempo
te ce fruit de cette piece, qu'
doit quitter ce qu'il ayme quar
il ne peut le conſerver ſans dom
mage. Si l'Amante s'en deſeſ
pere & veut ſe faire mourir; il
a bon remede : il faut luy dir
auſſi qu'on veut ſe tuer, & alor
l'Amante apprendra de Bereni
ce, premierement à croire que
lon luy parle ſincerement, &
puis à dire adieu & ſe ſeparer d
bonne grace.

Cette pratique eſt de grand
uſage & ie ſçay des intrigues qu
ſe ſeroient mieux deſnoüées
qu'elles n'ont fait, ſi on euſt
ſçeu cette methode. Telle eſt
l'utilité du theatre. C'eſt vn
grand ſecret de ſçauoir ainſi meſ
ler l'agreable & l'utile. Cel
tient lieu de toutes les reigles

& quand ie vois que dans|vne piece, la morale va bien, ie ne puis souffrir que l'on accuse le poëte de n'entendre pas le Theatre, qu'on le blasme d'auoir voulu entrer en lice auec Corneille, & que Monsieur de * * * * * s'escrie.

In fælix puer atque impar congressus achilli.

C'est assez Monsieur, ie suis las de rire, l'enuie m'en prendra peut estre quelqu'autre fois. Cependant ie vous dis fort serieusement que ie voudrois auoir fait cette piece & que ie suis,

MONSIEVR,

Vostre, &c.

Le 27. Novembre 1670.

D

EXTRAIT DV PRIVILEGE du Roy.

PAR grace & Privilege du Roy, en datte du dernier iour de Decembre 1670. Signé DE LA BRETONNIERE, il eſt permis à Monſieur de M*** faire imprimer par tel Imprimeur ou Libraire qu'il voudra choiſir pendant le temps de cinq années, les Livres intitulez, *La Critique ſur la Berenice*, avec deffences à tous Imprimeurs & Libraires d'en imprimer, vendre ou debiter pendant ledit temps ſans le conſentement dudit Expoſant, à peine de confiſcation des Exemplaires con-

trefaits , de tous dépens dom-
mages & interests , & de mil livres d'amande , ainsi qu'il est
plus au long contenu dans ledit
Privilege.

*Regiſtré ſur le Livre de la Commnnauté des
Imprimeurs & Marchands Libraires de cette
Ville, ſuivant & conformement à l'Arreſt de
la Cour de Parlement du 8. Auril 1653. aux
charges & conditions portées par le preſent
Privilege. Fait à Paris le 10. Ianvier 1671,*

Signé, L. SEVESTRE.

La semaine prochaine on verra la seconde partie de cette Critique, qui est sur la Berenice du Palais Royal.

LA CRITIQVE

DE

BERENICE.

SECONDE PARTIE.

A PARIS,

Chez {

LOVIS BILAINE, au second Pillier
de la grand'Sallle du Palais,
au grand Cesar.

ET

ESTIENNE MICHALLET,
ruë S. Iacques à l'image
Saint Paul.

M. DC. LXXI.

AVEC PRIVILEGE DV ROY.

ONSIEVR,

I'avois toûjours crû la
Muse du Cothurne un peu
moins coquette , & je
n'eusse jamais pensé qu'el-

A ij

le se fut oubliée en faveur d'un jeune homme, au prejudice du grand Corneille, avec qui elle avoit esté si long-temps en si bon mesnage. Rotrou, Duryer & Scudery n'avoient jamais peu la desbaucher ; qui n'eust dit qu'elle auroit esté fidelle jusqu'au bout ? Il y avoit même quelque apparence qu'elle se piqueroit d'honneur à cette fois, & qu'elle donneroit ensin toutes ses beautez à son favory apres les luy avoir fait esperer si long - temps. L'infidele ? Bien loin de contenter des desirs si ju-

ftes , elle ne s'eſt preſque
pas laiſſé toucher le bout
du doigt; elle luy a même
refuſé ſes faveurs accou-
ſtumées, au lieu de luy en
accorder de nouvelles ; &
par un caprice impitoiable,
elle l'a fait entrer en lice
avec un avanturier qui ne
luy en contoit que depuis
trois jours, elle l'a abandon-
né à ſa verve caduque au
milieu de la courſe , & s'eſt
jettée du côté du plus ieune

Allegorie, à part Mon-
ſieur. Ie ſuis fort mal edifié
de la Berenice du Palais
Royal; N'en déplaiſe à la
vieille Cour ; Monſieur

Corneille a oublié son mê-
tier, & je ne le trouve point
en toute cette piece. On
luy dit pour le consoler de
tant de vers miserables,
durs, sans pensée, sans tour,
sans François & sans cons-
truction ; que l'Art du
Thetre y est merveilleuse-
ment observé : Non pas que
l'on le trouve ainsi ; mais
parce que cela devroit être,
& que si l'on n'avoit leu
Aristote & Horace on pa-
rieroit avec Monsieur ***
deux cens Louys que ce-
la seroit. Car enfin qui
s'aviseroit qu'un homme
aussi experimenté au Theatre que l'est M. Cor-

*Si non
offende-
ret unũ-
quem-
queopæ-
tarum
lime la-
bor.*

neille en une occasion où il est question de decider de son excellence ; & en une piece qui devroit servir de modele à toute la tragique posterité, & de leçon à celuy qu'il ne regardoit que comme son écolier ; qui croiroit, dis-je, qu'il deût nous donner un ouvrage irregulier de tout point ?

Si Parùm à summo discessit, vergit ad-imum.

Vn vieux Capitaine prend il jamais mal son terrein ; & un Poëte couronné de lauriers, ne doit il pas bien conserver tous ses avantages quand il traite un sujet ? Il n'a pas voulu faire une Tragedie simple comme

Mr Racine, & souſtenir
juſqu'au bout vn ſujet ſim-
ple, par la beauté de l'expreſſion, par la delicateſſe
des penſées, par les empor-
temens des paſſions, & par
l'harmonie des vers. A la
bonne heure ! il s'eſt deffié
de la fecondité de ſon eſ-
prit uſé par les années & du
feu de ſa veine refroidie; il
a prudemment fait. Ie ne
le blâme point d'avoir introduit pluſieurs perſonna-
ges Epiſodiques ; mais je
luy ſçay mauvais gré pre-
mierement de les avoir mal
choiſis, & puis de s'en étre
mal ſervy.

Puis qu'il vouloit des
perfonnes Epifodiques, il
falloit prendre le tems de la
Fable du vivant de Vefpa-
fian pere de Titus, & fe fervir de l'avantage que l'hiftoire luy donnoit. C'eft
par l'ordre de Vefpafian
que les Hiftoriens difent
que Tite renvoya Bereni-
ce. Voila une Epifode na-
turelle & dans le fujet. C'é-
toit une raifon invincible
que Titus avoit pour quitter fa maiftreffe; & en méme tems un beau champ
pour le Poëte d'étaller les
droits de l'authorité pater-
nelle & la vertu heroïque &

Romaine qui porte un fils à faire violence à ſes inclinations pour ſuivre les deſirs de ſon pere. C'étoit une matiere nouvelle au Theâtre & par tout ailleurs; puiſque tous les Poëtes & les Romanciers font toujours que l'amour revolte les enfans contre leur pere. Mr de Corneille ayant beſoin d'une Epiſode, a laiſſé celle-cy qui eſtoit dans ſon ſujet, & qui conſervoit admirablement l'vnité de l'action ; pour en prendre deux éloignées qui la détruiſent tellement, qu'il luy ſera difficile de donner un

…iltre juste à sa piece ; & de dire une bonne raison pourquoy il l'appelle Bere- nice plûtost que Domitie. Vt nec pes nec caput uni red- dantur formæ. Mais sur tout il falloit bien se garder d'introduire cet- te Domitie : elle fait souvenir le Spectateur de l'accusation que les Ro- mains faisoient à Titus d'a- voir commis un inceste auec elle. Il falloit esloi- gner cette idée & ménager mieux nôtre imaginaton en faveur du Heros.

Il n'eut pas mal fait en- core d'empécher cette Do- mitie de promettre à Do- mitien qu'elle fera cocu le

Seigneur Titus. Et ſi l'eſpoir qu'elle donne de cet inceſte paroit un beau ſentiment à Monſieur Corneille, je croy qu'il n'êtoit pas impoſſible que la ſuivante de Domitie en fut mal edifiée, & que la Princeſſe êtoit obligée en conſcience de tenir cette affaire un peu ſecrette.

Quant à Domitien frere de Tite, il êtoit naturel de l'employer ; mais le Poëte a mal ſuivy la reigle d'Horace, qui veut que quand on met en avant des gens connus, on les repreſente tels qu'ils ont été. Achille bru-

Si forte reponis Achillem.
Impiger iracundus inexorabilis acer, jura neget, &c.

tal & Iason infidelle. Il falloit donc se souvenir que
Domitien avoit conspiré
contre la vie de Titus ; ne
se contenter pas de le dire
en deux vers, mais faire une
Episode de cette conspiration ; ce qui eut admirablement relevé la clemence de
Titus, puis qu'elle le rend si *Famam*
recommandable dans l'Hi- *sequere.*
stoire.

Tout cela n'eut il pas
fait un plus bel effet, un jeu
plus ingenieux, & des Scenes plus riches & plus heroïques, que toutes ces lon-
gues declarations d'amour
que Domitien fait à Domi-

tie, qui ne font rien du tout à l'affaire de Berenice; que toutes ces feintes purement comiques d'aimer ailleurs? que tous ces essais de donner de la jalousie, peu propres au Cothurne? & enfin que toute cette ridicule picoterie de deux rivales qui recrée le Parterre dans un acte où il devroit étre en pleurs.

L'amour de Titus pour Berenice eût peu étre le pretexte de la conspiration de Domitien contre son frere; nous eussions veu un Heros en peril, nous eussions craint pour luy, nous

l'euſſions plaint; la pitié &
la crainte euſſent êté exci-
tées ſelon les regles par le
moyen d'un premier Ac-
teur; il eût êté deliuré du
peril en renvoyant Berenice par qui la conſpiration
euſt êté decouvert; & qui
n'eut pas voulu conclure
ce mariage de peur d'expo-
ſer ſon Amant la fureur de
la vertu Romaine. Nous en
euſſions êté ravis, nous
aurions admiré l'Amante
& le Heros, & nous euſ-
ſions veu en Monſieur
Corneille toutes ces ma-
nieres Romaines, qui luy
ont autrefois tant acquis

de reputation.

Mais que veut-il que nous difions, quand il fait que-reller deux harangeres, qui fe difent tout ce qu'elles ne doiuent pas dire ; & qui nous oftent toute la com-paffion que nous pourrions avoir pour elles , en nous apprenant mutuellement l'une de l'autre, des chofes qui nous feroient horreur; fi la maniere dont elles les difent ne nous faifoit rire. Eftoit-il de l'art du Poëte d'exagerer ainfi ce que Bere-nice a fait d'impietez & de facrileges contre la Ville & le Temple de fon Dieu?

s'il

Ne im-
munda
crepent
ignomi-
niofa-
que di-
cta.
Nec fi
quid
fricti
ciceris
probat
& nu-
cis em-
tor.

Centu-
riæ Se-
niorum
agitant
exper-
tia fru-
gis,

s'il eût deu la faire fou-
droyer ou faire ouvrir la
terre fous fes pieds, à la
bonne heure ! mais c'eſt
l'heroïne de la piece, celle
qui doit nous donner de la
pitié! Le grand acte de con-
trition qu'elle fait, ne la
remet pas aſſez bien dans
les bonnes graces des ſpectateurs, pour leur faire
oublier ſes actions noires;
& tant qu'ils s'en fouvien-
dront ils ne feront point
touchez de fes larmes.

Au reſte eſt-il poſſible
que Monſieur Corneille ſe
foit ſi fort oublié dans les
caracteres? lui qui a toûjours

esté le maistre des autres en ce point. Quelle espece de Heros nous presente-il en Titus. Il le suppose d'entrée de ieu tres-mal honneste-homme. Ce Heros est Empereur depuis six mois. Depuis son avenement à l'Empire, il n'a pas encore fait la moindre honnesteté à une Reine avec laquelle il a esté fort bien, & à qui il a promis mariage; il ne s'est point mis en peine de luy faire trouver bon qu'il prit party ailleurs ; il est sur le point d'épouser Domitie, & l'affaire estoit faite si la Reine eust esté un

Mora-taqve rectè fa-bula.

peu moins alerte, ou pour peu qu'elle eut eu le vent contraire.

Ce qu'il y a de confolant pour Berenice , c'eft qu'il l'avoit prefque oubliée , qu'il eftoir devenu amoureux de Domitie , & que l'abfence avoit guery ce Heros de fa premiere paffion : quand elle arrive, il trouve à propos de n'eftre qu'un moment avec elle ; & l'envoye en fon ancien appartement, où il ne va la voir, qu'aprés que Domitie a eu tout loifir de la quereller. Le Seigneur Titus fçavoit mal fon monde; & puis que le lieu où il la recevoit estoit assez proche, & mesme dependoit assez de l'appartement où il la faisoit conduire, pour que Berenice y reçoive un moment apres la visite de Domitie, & celle de Titus même : il pouvoit bien sans faire tort à la Majesté de l'Empire, donner la main à une belle Reine qui l'aimoit, la conduire luy méme, du moins jusqu'à la porte de la chambre, & faire quelque cinq ou six pas pour une Princesse que l'amour luy amenoit du fond de l'Oriét.

Mais un grand Monarque
a-t-il jamais ordonné tout
haut en preſence d'une
grande Reine ; qu'on la
traitte bien, & qu'on la ſer-
ve ſplendidement. Ie croy
que cela s'en va ſans dire, &
que s'il y a quelque ordre
particulier à donner, ce
n'eſt pas tout haut & en
preſence. Il ſuppoſe que
Berenice eſt fatiguée, il l'é-
voye repoſer & il donne
ordre qu'on ait grand ſoin
d'elle ? I'aimerois autant
qu'il commandaſt, qu'on
priſt ſoin de luy donner un
bon lict de plume. Le compliment eſt campagnart,

il sent le faux-noble, & m'a fait souvenir que le pere de Titus ne se piquoit pas d'être de bonne maison.

Horace n'a rié dit de mieux, que quand il baille pour premiere reigle de bien écrire, sur tout quand on introduit des personnages ; *La science du monde.* Monsieur de Corneille a-il veu quelque procedé pareil dás la vieille Cour ? je ne sçay si Charles I X. eut fait cette incivilité, mais je sçay bien que si une belle jeune Reyne amoureuse arrivoit à la Cour *incognito*, elle y seroit receuë plus hu-

mainement. Ie ne m'atten-
dois pas à cette incivilité
de Titus, qui s'étoit delecté
à se peindre luy méme
comme un Prince si galent,
que les aymables loisirs *au
pluriel* , ménageoient dans
sa Cour l'heureux choix
des jeux & des plaisirs.
Mais il est fanfaron en ho-
nesteté comme en bravou-
re ; & puis qu'il soûtient si
mal les loüanges qu'il se
donne en langage Epique,
il me permettra de dou-
ter que quand il faisoit un
pas il fit trembler le Pole
Antartique. D'autant plus
que la renommée ne le pu-

blie pas fi épouventable;
& qu'hormis le pauvre Ce-
cinna qu'il fit affaffiner
pour avoir couché avec
Berenice ; je n'ay pas ouy
dire que depuis fon avenement à l'Empire il fut au-
trement fort perilleux de
l'empécher de dormir. Sans
cette reflexion i'euffe creu
quand il hauffoit quelquefois la parole, que les deux
Poles eftoient effrayez ;
mais je m'imaginay qu'il
eftoit vray-femblable qu'il
fût un peu Matamore, ce
qui me fit moins craindre
pour les Poles.

Cependant comme les
fanfarons

fanfarons ont d'ordinaire l'ame baſſe, je me deffiay fort de celle de ce Heros, & je le ſoubçonnay d'eſtre capable de faire des lâchetez. Il fait paroiſtre en effet ſi peu de vertu, qu'outre qu'il n'a pas la force de rien refuſer à Berenice ; il luy offre de quitter l'Empire pour la ſuivre en Paleſtine; & il n'eſt détourné de ſon deſſein, que par la remontrance que luy fait ſon amante, que le Ceſar qui luy ſuccederoit le feroit peut-étre aſſaſſiner. Que craignoit-il? il n'avoit qu'à faire un pas & hauſſer la paro-

le, & il euſt effrayé ſon ſucceſſeur. Cependant il auroit
donné une preuve heroï-
que de ſon amour en quit-
tant l'Empire pour ſuivre
une femme. Avoüés, Mon-
ſieur, que tout ce jeu eſt
bien peu digne de Cor-
neille. Eſt-ce étre Romain
d'abandonner le Trône des
Ceſars pour ſuivre une mai-
treſſe? & quand on en a fait
le deſſein, eſt-ce eſtre Romain que de changer, parce
que peut eſtre on ſeroit aſ-
ſaſſiné? Ce caractere n'eſt-il
pas pitoyable? falloit-il
pour avoir lieu d'étaller
quelques vers ampoulez

Ambi-
tioſa
recidet
orna-
menta.

touchant la politique de ceux qui regnent contre ceux qui ont quelque pretention sur leurs Estats? falloit-il ravaler l'idée qu'on a du Heros de la piece, & le rendre méprisable ?

C'est la maladie des jeunes Poëtes Tragiques (je m'étonne que Monsieur Corneille n'en soit pas gueri) de coudre sans discernement des sentences & des lieux communs. Ils pretendent en enrichir leur Poëme; mais d'ordinaire ce sont des contretems. Par exemple cette ioyeuse Morale que l'amy de Domitien fait

fur l'amour propre, eſt-elle
en ſon lieu dans une Tragedie? ſur tout dans la bou-
che d'un confident, qui n'y
doit faire aucune figure
que pour la connexion des
Scenes ? mais de plus ne
bleſſe-elle pas la pudeur? &
ne preſente - elle pas une
idée impure ? la belle demande à faire à un ieune a-
moureux dans une Trage-
die, s'il n'eſt pas vray qu'il
n'aime ſa maiſtreſſe que
pour coucher avec elle ?
cela étoit bon à demander
à un ieune Satyre. Si M.
Corneille eut fait cette faute dans ſa ieuneſſe on eut

peut-eftre excufé la chaleur defa veine : mais à fon âge donner carriere à fon imagination : la Mufe du Cothurne qui eft chafte, ou qui le veut paroiftre, s'en eft irritée ; & de peur qu'on dit qu'elle s'eft trouvée au milieu de la piece où ces libertez font, elle n'a voulu avoir aucune part ny au commencement ny à la fin.

L'accuferoit-on en effet d'avoir infpiré la Protafe ? Domitie ouvre le Theâtre, & épuife fes poulmons & noftre patience pour nous faire fon hiftoire. C'étoit

l'Hiſtoire de Berenice qu'il
falloit conter, &paſſer celle
de Domitie en quatre vers;
ou (puiſque les plus cour-
tes protaſes ſont les meil-
leures,) il falloit retrancher
tous ces longs diſcours,
venir au ſujet, & n'amuſer
Semper ad evẽtum feſtinet & in medias res,] pas les ſpectateurs en nar-
rations purement Epiſo-
diques, entierement inu-
tiles, & méme vitieuſes:
en ce qu'elles font croire
que cette Domitie eſt l'heroïne de la piece, puis
qu'on s'arreſte tantàprepa-
rer ſon action. Ce commencement eſt-il de Corneille?
Vous m'allez dire, je le

31

voy bien, qu'il a êté loüé
univerſellement d'auoir bié
fini; qu'on dit qu'il s'eſt ſur-
faſſé luy méme dans le de-
noüement ; & que ſa cataſ-
trophe a été admiré de tout
le monde, en un ſujet où
elle étoit ſi difficile. Mais
ſçavez vous bien Monſieur
qu'il n'apartient pas à tout
le monde de juger une ca-
taſtrophe ; & que , quoy
qu'elle ait tant de Partiſans,
elle eſt plus defectueuſe
que bonne.

A fin qu'une cataſtrophe
ne ſoit pas vitieuſe, il faut
qu'elle ſoit vray ſemblable,
& que le ſpectateur ait pû

s'y attendre. Or il n'arrive rien dans celle-cy qu'on peut raisonnablemét esperer. Iamais le Senat n'a fait pour personne, ce que Mr. Corneille lui fait faire pour Berenice ; ainsi nous n'avions garde de deviner son imagination ; & moins encore, que si cette Ordonnance du Senat leve tous les obstacles du mariage, l'Amante qui vient de passer tant de mers pour le faire, renonce d'abord à ses esperances, & consente au bonheur de sa rivalle. Venoit elle du bout du móde pour n'épouser Titus que mal-

gré

gré le Senat ? & est elle si capricieuse, que si son mariage n'excite point de guerre civile, elle ne le veut pas? Qu'avoit elle à desirer quand elle a quitté ses terres, si ce n'est que Rome consentit à ses nopces ? pourquoy s'en retourner quand Rome y consent ? n'est-ce pas dire à Titus qu'elle ne l'aime guere, & que son voyage n'a esté qu'un caprice contre Domitie? n'est ce pas le quitter de gayeté de cœur? est-ce le sujet de la Tragedie ? & Mr. Corneille ne quitte-il pas la partie quand il ne sçait pas

Cur ergo si nequeo ignoro. que poeta salator ?

faire ſeparer ces deux Amãs malgré eux, puiſque le ſujet de la piece étoit, *invitus invitam dimiſit.*

Vne autre faute dans cette Cataſtrophe, eſt de faire que Titus la finiſſe en violant les Loix Romaines. Puiſque l'amour des Loix de Rome faiſoit tout le nœud de cette piece ; il ne falloit pas la denoüer en rompant ces Loix. On m'a-voüera que cela ne pouvoir ny ne devoit eſtre attendu, Qui s'aviſeroit qu'un Empereur Romain fit veu de Celibat ? cette Cataſtrophe eſtoit admirable pour un

Pape; mais elle eſt Bur-
leſque pour un Empe-
reur. Le Celibat étoit o-
dieux aux Romains ; il y
avoit des Loix rigoureuſes
contre ceux qui l'embraſ-
ſoient ; & les ſujets ſuivant
aiſement l'exemple du Souverain, ce ferme propos
que fait Titus de ne point
ſe marier, eſt de pernicieu-
ſe conſequence. Quand il
auroit eſté aſſez mal honneſte homme pour le faire,
il ne falloit pas que le Poëte l'alleguaſt ſur le Theatre.

Cette Cataſtrophe pe-
che encore contre la reigle
des meurs ſemblables, qui

veut que les personnages
ne faſſent rien de contraire
aux manieres & aux meurs
de leur pays. Tite declare
Domitien ſon ſucceſſeur,
cela n'eſt pas conforme aux
meurs Romaines. Les Em-
pereurs aſſocioient à l'Empire ceux qu'ils vouloient
par le conſentement du
Senat & de l'armée ; mais
ils ne deſignoient pas leur
Succeſſeur de leur autho-
rité privée. On deſignoit
des Conſuls, mais non pas
des Empereurs. Si le Poëte
a reſpecté l'Hiſtoire, & n'a
pas oſé faire aſſoſſier Domitien à l'Empire , ce qui
l'eut

l'eut bien mieux accómo-
dé, il devoit avoir méme
reſpect pour les meurs Romaines. Ie voy bien qu'il
avoit beſoin de l'une de ces
deux choſes pour mêna-
ger l'ambition de Domitie
de laquelle il ne ſçavoit que
faire ; mais c'eſt une grande faute d'avoir beſoin de
faire une faute, & ſur tout
de faire une faute qui ne
tire pas d'affaire : Car l'eſ-
prit du ſpectateur n'eſt pas
en repos touchant cette
Domitie : & on ſort de là
ſans ſçavoir ſi cette ambition extreme eſt ou doit
étre ſatisfaite de l'eſperan-

ce incertaine de regner a-
pres la mort de Titus; & si
elle est persuadée qu'il ne
rappellera pas Berenice ,
ou qu'il gardera son vœu de
chasteté : ce qui à mon a-
vis demeure grandement
problematique.

Voila , Monsieur , une
partie de ce que i'ay trouvé à la Berenice de Cor-
neille , que ie n'ay encore
veuë qu'une fois.　Quoy
que ces fautes soient con-
siderables , on a eu tort de
dire de cette piece ,

Fabula nullius veneris sine
pondere & arte.

Elle a asseurement de grandes beautez, i'ay resolu de
les remarquer un iour aussi bien que celle de la Berenice de Mr Racine. Ce-
pendant, Monsieur, ie vous
prie de ne point montrer
ces deux petites Critiques,
vous sçavez qu'elles ont
esté faites chacune en une
apres-soupée ; elles ne sont
donc pas en estat d'estre
veuës par ceux qui ne
m'aiment pas autant que
vous faites ; & puis , Ge-
nus irritabile vatum. Ie suis

avec beaucoup de ref-
pect.

MONSIEVR,

Vôtre, &c.

EXTRAIT DV PRIVILEGE
du Roy.

PAR grace & Privilege du
Roy, en datte du dernier
iour de Decembre 1670. Signé
DE LA BRETONNIERE, il eſt permis à Monſieur de M*** faire
imprimer par tel Imprimeur ou
Libraire qu'il voudra choiſir
pendant le temps de cinq années, les Livres intitulez, *La
Critique ſur la Berenice*, avec
deffences à tous Imprimeurs &
Libraires d'en imprimer, vendre ou debiter pendant ledit
temps ſans le conſentement dudit Expoſant, à peine de confiſcation des Exemplaires con-

trefaits , de tous dépens dom-
mages & interests, & de mil livres d'amande , ainsi qu'il est
plus au long contenu dans ledit
Privilege.

*Registré sur le Livre de la Communauté des
Imprimeurs & Marchands Libraires de cette
Ville, suivant & conformement à l'Arrest de
la Cour de Parlement du 8. Avril 1653. aux
charges & conditions portées par le present
Privilege. Fait à Paris le 10. Ianvier 1671.*

Signé, L. SEVESTRE.

9 782329 730721